Artistes | numéro **13**

TOULOUSE-LAUTREC, L'ÂME DE MONTMARTRE

Du Moulin Rouge à l'art publicitaire

par Thibaut Wauthion

50MINUTES

Avec la collaboration de Stéphanie Reynders

TOULOUSE-LAUTREC

- **Naissance ?** Né le 24 novembre 1864 à Albi.
- **Mort ?** Décédé le 9 septembre 1901 à Saint-André-du-Bois.
- **Contexte ?** Fin du XIXe siècle, postimpressionnisme.
- **Œuvres majeures ?**
  - *Moulin Rouge – La Goulue* (1891)
  - *Au Moulin Rouge* (1892)
  - *Les Ambassadeurs : Aristide Bruant* (1892)
  - *Jane Avril au Jardin de Paris* (1893)
  - *Monsieur Boileau* (1893)
  - *La Passagère 54 – Promenade en yacht* (1895)
  - Frontispice de l'album *Elles* (1896)
  - *Le Jockey* (1899)

À la fin du XIXe siècle, la France, et plus particulièrement Paris, connaît une incroyable effervescence dans le monde de l'art. La capitale est une sorte de laboratoire à expérimentations artistiques qui ouvre la voie au modernisme. Certains artistes délaissent progressivement les institutions officielles et leurs critères de beauté au profit de structures indépendantes prônant l'originalité. Malgré une lente adaptation du public et des critiques, le marché de l'art évolue en faveur de ces artistes novateurs, parmi lesquels se trouvent les impressionnistes. En dépit d'une apparence monstrueuse due à une maladie congénitale, Toulouse-Lautrec, arrivé en 1882 dans un Paris en pleine mutation, se démarque sur la scène artistique par ses sujets modernes s'inspirant du célèbre quartier de Montmartre. L'artiste, qui y réside, croque chacune de ses particularités au point d'en devenir le plus grand chroniqueur. Cafés, cabarets, théâtres et maisons closes constituent la base de l'imagerie de Toulouse-Lautrec, qui restitue l'ambiance particulière de Montmartre à travers des œuvres dynamiques et colorées.

Les affiches publicitaires de Toulouse-Lautrec, à l'esthétique épurée, font non seulement la gloire des cabarets et des danseuses, mais également de leur auteur qui, décidé à partager son art avec le grand public, expose ses œuvres dans les rues, les soumettant au regard de tous. Il s'agit là d'une initiative inédite qui rend bien compte du caractère généreux et jovial de l'artiste. Ainsi, si le style et les thématiques de Toulouse-Lautrec sont novateurs pour son époque, l'originalité de sa production artistique tient également à la manière dont ses œuvres sont diffusées.

CONTEXTE

PARIS SOUS UN NOUVEAU JOUR

Au cours de la seconde moitié du XIXe siècle, plusieurs régimes politiques se succèdent en France. Quatre ans à peine après sa proclamation, la Deuxième République laisse place en 1852 au Second Empire, dirigé par Louis-Napoléon Bonaparte (1808-1873), dit Napoléon III. Suite à la défaite française lors de la guerre franco-prussienne de 1870, la Troisième République est proclamée : elle perdurera jusqu'en 1940.

LE STYLE SECOND EMPIRE

Le règne de Napoléon III est marqué par un style artistique particulier : le style Second Empire. Celui-ci se développe essentiellement grâce aux nombreuses commandes de l'empereur et de l'impératrice Eugénie, désireux de s'entourer de luxe. Il s'agit d'une tendance éclectique s'inspirant à la fois de l'Antiquité, du gothique ou encore de la Renaissance italienne.

La société française de la seconde moitié du XIXe siècle connaît également de profondes mutations d'ordre économique, technologique et culturel. Sous l'impulsion de la révolution industrielle, née en Angleterre, la France bascule de plain-pied dans la modernité dès le début du XIXe siècle, puis les choses s'accélèrent de manière fulgurante à partir de 1850. D'une économie principalement agraire et artisanale, le pays passe à un mode de production industrielle. Les nombreux progrès techniques sont une des conséquences de ce changement, mais beaucoup d'autres domaines sont également affectés.

Aussi le paysage parisien change-t-il considérablement en raison d'importants travaux commandités par Napoléon III et menés par le préfet Georges Eugène Haussmann (1809-1891), qui met à profit l'apparition de nouveaux matériaux de construction. Le gouvernement entend transformer Paris en profondeur. Ainsi, de grands boulevards avec trottoirs remplacent progressivement les rues étroites de la capitale, et les monuments ou autres édifices publics se voient rehaussés d'une dentelle de fer typique de l'époque. On construit également des gares, suite au développement du chemin de fer qui rend désormais la campagne accessible aux Parisiens, et de nouveaux lieux de divertissement, notamment les cafés et les cabarets, voient le jour. En effet, l'évolution des modes de travail – division du travail, fabrication industrielle, etc. – et l'apparition de normes sociales telles que le repos dominical permettent aux travailleurs de jouir de davantage de temps libre qu'il leur faut combler.

Montmartre, ancien village situé en hauteur et accueillant auparavant les mineurs, devient le centre parisien du divertissement par excellence. De nombreux moulins y sont construits pour profiter de la hauteur de la butte. Des artisans, des artistes, des hors-la-loi et toute une panoplie de personnages rebelles prennent quartier dans ce lieu qui apparaît comme un refuge pour les anticonformistes. Peu à peu, les moulins développent un nouveau commerce en vendant des produits sur place. Le premier à faire succès est le Moulin de la Galette, muni d'un restaurant, d'une terrasse extérieure et d'une piste de danse. En 1889, le célèbre Moulin Rouge ouvre ses portes et devient très vite le plus célèbre de tous les cabarets.

L'ART EN PLEINE RÉVOLUTION

Tout au long du XIXe siècle, la production artistique française est régie par l'Académie, une institution de l'État, qui dicte le bon goût et énonce les règles de la création artistique. Elle privilégie la composition par le dessin – et non les couleurs –, la perspective, l'idéalisation des sujets et les thèmes historiques ou mythologiques. Ne sont représentés lors de l'exposition officielle, le Salon, que les artistes respectant les normes en vigueur. Le jury du Salon refuse chaque année un grand nombre de toiles jugées trop novatrices.

Vers 1850, Gustave Courbet (1819-1877) est l'un des premiers artistes à s'émanciper de l'académisme en représentant des sujets ruraux traités de manière extrêmement réaliste, rompant ainsi avec toute idéalisation. L'artiste entend en effet proposer la représentation la plus fidèle possible de la vie ordinaire, pour montrer la dureté de l'existence, conférant ainsi un nouveau rôle à l'art. Son anticonformisme discrédite les normes académiques et influence toute une génération de nouveaux artistes qui lui emboîtent le pas, tels qu'Édouard Manet (1832-1883), considéré comme l'initiateur de l'art moderne, et, plus tard, les impressionnistes.

Ces derniers développent un nouveau système d'appréciation de l'art en organisant, en marge des événements officiels, leurs propres expositions, tandis que les cafés deviennent des lieux de rassemblement très prisés. Progressivement, arguant de la dimension subjective de l'art, les artistes délaissent les critères esthétiques appliqués jusqu'alors, et ce en dépit de l'incompréhension de leurs contemporains, peu habitués à une telle liberté de création. Édouard Manet et les impressionnistes ayant ouvert la voie au changement et à l'innovation, la fin du siècle voit éclore des démarches artistiques inédites telles que celle de Toulouse-Lautrec.

L'IMPRESSIONNISME

En 1874, les impressionnistes, désignés comme tels par le journaliste Louis Leroy, forment un groupe artistique au style et aux thèmes propres. Se concentrant essentiellement sur leurs émotions, ils tentent de créer sur leurs toiles une impression subjective et éphémère, délaissant la reproduction fidèle du réel. Pour ce faire, les impressionnistes sortent de leur atelier et peignent en extérieur, d'après nature, principalement des paysages, leur sujet de prédilection, en essayant de capter le mouvement du monde. D'un point de vue stylistique, l'impressionnisme se caractérise par l'éclaircissement de la palette de couleurs et par l'absence de dessin au profit de petites taches de peinture.

Par ailleurs, l'évolution de l'art est également liée aux progrès techniques, et plus particulièrement au développement de la photographie, qui se démocratise considérablement dans la seconde moitié du XIXe siècle. La représentation de la réalité devient alors l'apanage du photographe, dont l'art est plus précis et plus détaillé que celui du peintre ou du dessinateur. C'est l'une des raisons pour lesquelles les impressionnistes accordent plus d'importance à leur subjectivité.

BIOGRAPHIE

LA DÉCONVENUE DE LA FAMILLE

Né le 24 novembre 1864 à Albi, dans le Sud de la France, Henri de Toulouse-Lautrec est le fils du comte Alphonse de Toulouse-Lautrec-Monfa (1838-1913) et d'Adèle Tapié de Celeyran (1841-1930). Descendant direct des puissants comtes de Toulouse, l'artiste grandit entre les différents châteaux familiaux, dans un cadre socio-culturel privilégié, sa famille ayant échappé aux tourments post-révolutionnaires.

Les premières années de Toulouse-Lautrec sont heureuses : profitant dans un premier temps des domaines de la famille, le jeune garçon s'inscrit ensuite au prestigieux lycée Fontanes à Paris, où il rencontre celui qui deviendra son ami le plus fidèle, Maurice Joyant (1864-1930). Toutefois, la croissance de Toulouse-Lautrec suscite l'inquiétude croissante de son entourage en raison de plusieurs difformités apparentes. En 1878 et 1879, le jeune homme est victime de deux accidents. Il s'en sort avec des fractures aux deux jambes qui le clouent de longs mois durant dans un lit d'hôpital. Ces deux malheureux événements permettent de déceler un problème bien plus grave : une maladie congénitale issue de l'union consanguine de ses parents, qui sont cousins germains. Henri de Toulouse-Lautrec ne grandit pas de façon normale et atteint, à l'âge adulte, la taille d'un mètre cinquante-deux :

> Sa tête et son torse étaient normalement proportionnés, mais il avait les jambes courtes et les genoux cagneux, des petits bras vigoureux (il fut un excellent nageur), des mains apparemment démesurées et des doigts en massue. Autres symptômes de la maladie, il avait les narines larges, le menton fuyant, des lèvres épaisses et protubérantes

> d'un rouge anormalement vif. Sa langue trop épaisse le faisait bégayer
> et saliver de manière excessive, il avait toujours la goutte au nez.
> Il portait un pince-nez pour corriger sa myopie [...]. (DENVIR (Bernard),
> *Toulouse-Lautrec*, Paris, L'univers de l'art, 1991, p. 9)

Suite à cette terrible découverte, Alphonse de Toulouse-Lautrec délaisse son fils, en qui il ne peut placer ses espoirs de fierté familiale. Le jeune homme grandit entouré de l'amour de sa mère, qui l'encourage dans chacune de ses entreprises. Elle représente ainsi une figure extrêmement importante tout au long de la vie de l'artiste.

DES DÉBUTS ARTISTIQUES À LA VIE NOCTURNE DE MONTMARTRE

Dès son plus jeune âge, Henri de Toulouse-Lautrec montre un talent certain pour le dessin, qu'il pratique principalement dans ses cahiers d'école, s'adonnant notamment à des caricatures. En 1875, il s'initie à la peinture à l'huile, une activité qu'il pratique régulièrement après son accident. Il trouve dans la peinture un moyen de rester en contact avec ses anciennes passions, telles que l'équitation, par exemple, à laquelle il ne peut plus s'adonner.

Malgré la pratique occasionnelle de la sculpture par son père et le talent de dessinateur des frères de ce dernier, une carrière artistique est *a priori* impensable dans une telle famille. Mais le père d'Henri de Toulouse-Lautrec se voit convaincre d'accepter la volonté de son fils par un ami et peintre animalier, René Princeteau (1843-1914), qui devient le premier maître du jeune homme, dès 1871. Pendant onze ans, il apprend surtout à son élève à représenter des chevaux, avant de l'encourager à se rendre à Paris pour y rencontrer d'autres peintres. En mars 1882, Henri de Toulouse-Lautrec intègre donc l'atelier parisien de Léon Bonnat (1833-1922), chez qui il ne reste que quelques mois, puisque son professeur ferme son atelier pour aller enseigner à l'École des beaux-arts de Paris. Le jeune artiste trouve alors un nouveau maître en la personne de Fernand Cormon (1845-1924), qui l'aide à parfaire sa technique et grâce à qui il rencontre de nombreux jeunes artistes, dont Edgar Degas (1834-1917) et Paul Cézanne (1839-1906). C'est à cette époque qu'il découvre l'avant-garde artistique parisienne. Grâce à Léon Bonnat et à Fernand Cormon, Toulouse-Lautrec apprend à se remettre en question et à gagner en précision. En perpétuelle contradiction avec eux, l'artiste privilégie le dessin pris sur le vif, délaissant les ennuyeuses représentations d'après statues ou modèles en atelier.

Pendant l'été 1884, Toulouse-Lautrec décide de quitter la maison familiale de Paris pour aller habiter chez des amis, René et Lily Grenier. Sa production artistique se fait alors plus rare, en raison de ses nombreuses virées nocturnes. Le jeune homme devient progressivement un habitué des cabarets de Montmartre, où il trouve une nouvelle source d'inspiration pour ses œuvres.

Pour se faire un nom plus rapidement, Toulouse-Lautrec fait reproduire ses réalisations dans des revues parisiennes, ce qui lui apporte une certaine notoriété. Il travaille également avec Aristide Bruant (1851-1925), écrivain et créateur du cabaret artistique *Le Mirliton*. Vers la fin des années 1880, cette collaboration fructueuse amène l'artiste à réaliser des affiches pour promouvoir les établissements de Montmartre. En 1891, grâce à une affiche destinée au Moulin Rouge (*Moulin Rouge – La Goulue*), il reçoit les louanges de la presse et devient célèbre dans tout Paris. Favorable à la démocratisation de l'art, Toulouse-Lautrec désire rendre ses œuvres accessibles au plus grand nombre.

BRÈVE CÉLÉBRITÉ

La vie nocturne de Toulouse-Lautrec, extrêmement animée, est rythmée par les spectacles de cabaret, la consommation excessive d'alcool et les visites aux maisons closes. À partir de 1887, il vit avec le docteur Henri Bourges. Ce dernier limite les excès de son colocataire pendant six ans, jusqu'à son mariage et son déménagement en 1893. Après, Toulouse-Lautrec sombre dans l'alcoolisme.

Au début des années 1890, l'artiste devient une figure incontournable de Montmartre et représente les plus célèbres danseuses du Moulin Rouge dont Yvette Guilbert (1865-1944), Louise Weber (1866-1929), appelée la Goulue, ou encore Jane Avril (1868-1943). Parallèlement, il présente ses œuvres dans de nombreuses expositions à Paris et dans d'autres pays, ce qui lui vaut une renommée internationale.

En 1899, Toulouse-Lautrec est interné dans une maison de soin pour cause de folie. Pour prouver sa lucidité, il y réalise une série d'œuvres ayant pour thème le cirque. Celles-ci convainquent ses médecins de le laisser sortir. Mais l'année suivante, sa santé décline rapidement. Après avoir remis de l'ordre dans ses affaires à Paris et terminé ses derniers tableaux, Toulouse-Lautrec rejoint sa famille au château de Malromé, où il décède le 9 septembre 1901.

« HTL »

La signature de Toulouse-Lautrec est reconnaissable entre mille : un monogramme reprenant les trois initiales « HTL » de l'artiste et entouré d'un cercle. Dans certaines œuvres, ce signe est assorti de son nom.

CARACTÉRISTIQUES

LA NOBLESSE EN PEINTURE

Lors de son apprentissage auprès de René Princeteau, Henri de Toulouse-Lautrec représente ce qu'il voit. Il se concentre davantage sur les figures humaines et animales que sur les paysages, et s'intéresse particulièrement au rendu du mouvement. À cette époque, sa production se compose de scènes équestres, de représentations de la vie quotidienne aristocratique et de portraits de ses proches. Sa mère occupe une place particulière dans ses réalisations : les représentations de cette dernière font preuve d'une rare intensité et d'une grande précision. Quant à son style, il est marqué par des touches de peinture posées avec rapidité.

LES CHRONIQUES DE MONTMARTRE

À partir des années 1880, Toulouse-Lautrec devient le plus grand chroniqueur de Montmartre. Se postant dans les bars, les cabarets ou encore les maisons closes, il croque sur le vif toutes les particularités de ce quartier. Ses nombreuses virées nocturnes lui permettent d'esquisser chaque élément intéressant de Montmartre et de s'en inspirer ensuite dans son atelier pour peindre ses toiles.

Toulouse-Lautrec transpose sa maîtrise du dessin à la peinture en privilégiant des lignes de couleur au lieu d'aplats ou de dégradés. Cette technique permet de rendre le mouvement de manière extrêmement précise. Se concentrant essentiellement sur les figures humaines, l'artiste accentue souvent les traits du visage, parfois jusqu'à la caricature, très présente dans ses travaux.

En revanche, dans ses affiches publicitaires, qui ne doivent attirer l'attention que quelques secondes et être discernables au premier coup d'œil, ses personnages ressemblent à de simples silhouettes dénuées de tout détail, profondeur ou dégradé. En simplifiant à l'extrême ses motifs, l'artiste crée un véritable « art publicitaire ». Tandis que le langage de la publicité tentait jusqu'alors de représenter la réalité de manière assez fidèle, ses affiches sont dépourvues de détails, qu'il juge superflus. Mettant en avant l'ambiance des établissements de Montmartre, elles représentent pour l'essentiel des danseuses, une partie du public ou, parfois, un pan de l'orchestre, comme c'est le cas dans le *Divan Japonais* (1892), par exemple. Afin d'accroître la portée de ses œuvres, Toulouse-Lautrec utilise des modèles célèbres : le célèbre chanteur Aristide Bruant, également propriétaire du cabaret *Le Mirliton*, les égéries du Moulin Rouge telles que Jane Avril ou la Goulue, etc.

LES AVANTAGES DE LA LITHOGRAPHIE

Avant Toulouse-Lautrec, peu d'artistes s'intéressent réellement à la création d'affiches publicitaires, cette pratique étant considérée comme inférieure à la peinture. Toutefois, Toulouse-Lautrec y voit un excellent moyen de se faire connaître en raison de l'important potentiel de diffusion grâce à la lithographie. Il s'agit d'une technique de reproduction qui permet la reproduction en couleur d'une œuvre à plusieurs milliers d'exemplaires, à moindre coût et dans des formats gigantesques. Il est désormais possible d'imprimer des affiches pour les placarder dans les rues. L'artiste dessine de manière très libre avec un crayon gras sur une pierre lisse et poreuse – ce qui ne demande pas de compétence particulière, contrairement à la gravure –, puis y appose une feuille qui est pressée sur la pierre : le dessin est imprimé.

LES PASSIONS ARTISTIQUES

Henri de Toulouse-Lautrec est considérablement influencé par les impressionnistes : il retient autant leurs conceptions artistiques que leur manière de peindre. La liberté prônée par le groupe interpelle l'artiste, qui ne désire rien moins que s'émanciper des exigences de l'académisme. La pratique de la peinture en extérieur par les impressionnistes trouve également un écho chez Toulouse-Lautrec, qui dessine sur le vif. Celui-ci s'inspire par ailleurs de la rapidité d'exécution et du mouvement des motifs propres au groupe impressionniste. Ainsi, il se place dans la continuité des recherches picturales des impressionnistes, tout en opérant une rupture toujours plus grande avec la tradition académique.

Du point de vue thématique, Toulouse-Lautrec se situe là encore dans la lignée de l'impressionnisme. Plus précisément, l'influence d'Edgar Degas sur son œuvre est incontestable. L'artiste représente avant lui danseuses, acteurs de théâtre ou encore prostituées. Toutefois, grâce à son rendu précis de l'ambiance et du mouvement, Toulouse-Lautrec donne à ses scènes une intensité jusqu'alors inégalée. Par ailleurs, en dehors de ses thèmes, ce sont principalement les angles de vue inattendus de Degas que Toulouse-Lautrec retient, notamment les sols comme « rabattus » et les personnages à moitié hors champ.

Les expositions internationales de Toulouse-Lautrec, dans les années 1890, lui permettent de voyager en Europe et de faire la découverte d'artistes étrangers. Toutefois, malgré son intérêt pour Diego Vélasquez (1599-1660), Rembrandt (1606-1669) ou encore Francisco de Goya (1746-1828), aucune de ses œuvres n'y fait allusion. De plus, lors de ses visites touristiques, l'artiste préfère de loin le cadre pittoresque d'un café ou d'une rue aux monuments historiques.

Enfin, Toulouse-Lautrec est profondément marqué par le japonisme, collectionnant même les estampes japonaises. Sa façon de construire ses tableaux avec des angles de vue tout à fait particuliers et des lignes diagonales provient directement de cette influence, tout comme certains thèmes, notamment le quotidien de la femme et de la courtisane.

L'ART JAPONAIS

Suite à des traités commerciaux passés avec les États-Unis à la fin des années 1860, l'Occident découvre l'art japonais au travers d'expositions universelles et des importations. La France est l'un des premiers pays à appréhender cette culture pour laquelle de très nombreux artistes se passionnent aussitôt, parmi lesquels Édouard Manet, Edgar Degas, Claude Monet (1840-1926), Auguste Renoir (1841-1919), Vincent Van Gogh (1853-1890) ou encore Henri de Toulouse-Lautrec. Au Japon, à cette époque, domine une école d'art nommée l'*Ukiyo-e*, qui se traduit par « image du monde flottant » et qui produit essentiellement des estampes. Les artistes de ce mouvement représentent des paysages et privilégient des thèmes tels que le théâtre, la femme dans sa vie quotidienne ou encore la courtisane.

MOULIN ROUGE – LA GOULUE

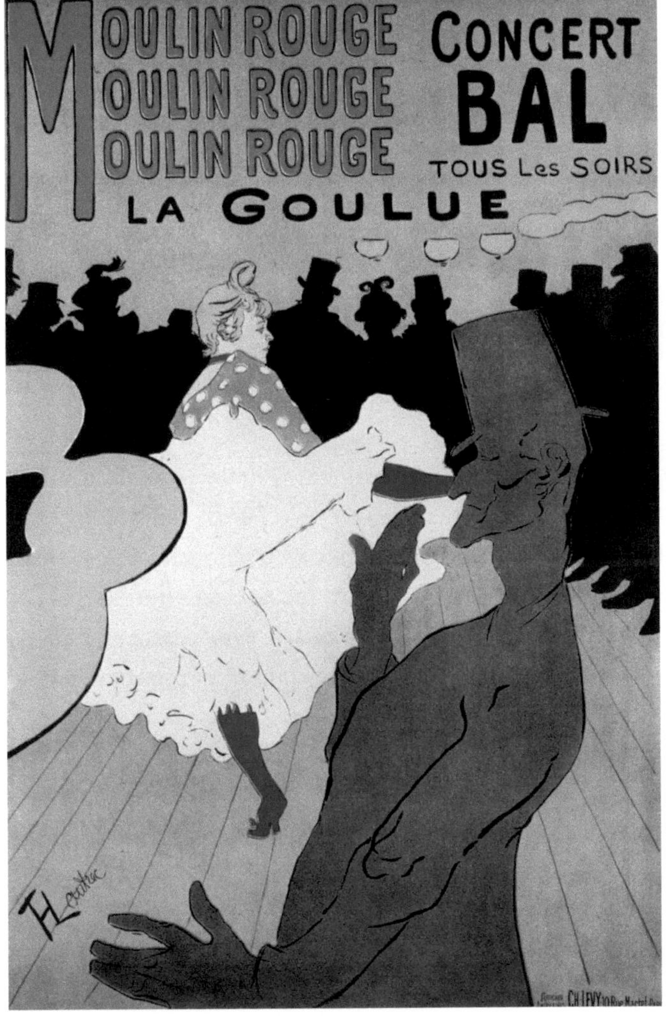

Moulin Rouge – La Goulue, 1891, lithographie, 191 x 117 cm, Albi, musée Toulouse-Lautrec.

Il s'agit d'une affiche promotionnelle pour le Moulin Rouge réalisée en 1891. L'établissement, ouvert depuis le 5 octobre 1889, préfère cette œuvre novatrice à celles du célèbre affichiste Jules Chéret (1836-1932), qui a déjà réalisé deux affiches pour le Moulin Rouge. Cette œuvre ouvre à Toulouse-Lautrec les portes du succès.

LA GOULUE

Louise Weber (1866-1929), plus connue sous le nom de la Goulue, est la danseuse vedette du Moulin Rouge pendant plusieurs années. Elle entame sa carrière dans les années 1880 en posant pour des peintres et des photographes, tout en travaillant comme blanchisseuse. Remarquée dans de petits bals, elle se voit proposer les scènes du Moulin de la Galette et de l'Élysée Montmartre. En 1889, dès l'ouverture du Moulin Rouge, Louise Weber y danse au côté du contorsionniste Valentin le Désossé (1843-1907), jusqu'en 1895. Elle est connue pour ses prouesses au french cancan, une nouvelle danse à succès, ainsi que pour vider les verres des clients, ce qui lui vaut le surnom de la Goulue.

Cette lithographie met en avant la Goulue en plein mouvement, avec une jambe en l'air. Elle exécute le french cancan, dans laquelle les danseuses exposent leurs dessous, ce qui scandalise la critique de l'époque. À l'avant-plan, Valentin le Désossé effectue ses célèbres déhanchés, qu'il doit à sa stature et à sa souplesse. Les deux personnages, reconnaissables au premier coup d'œil, sont réduits à deux silhouettes très graphiques. La danseuse est à peine colorée, tandis que le personnage masculin n'est qu'une ombre tronquée. Les lignes du plancher apportent un effet de perspective accentué par le public, figuré en une simple ombre dont le noir contraste fortement avec le blanc, le rouge et le jaune de la Goulue.

Réduite à l'essentiel, la publicité est claire et directement compréhensible. Son efficacité est également accentuée par la répétition du nom de l'établissement en haut à gauche. Aussi les taches jaunes à gauche du tableau préfigurent-elles les futurs néons apposés aux panneaux publicitaires.

AU MOULIN ROUGE

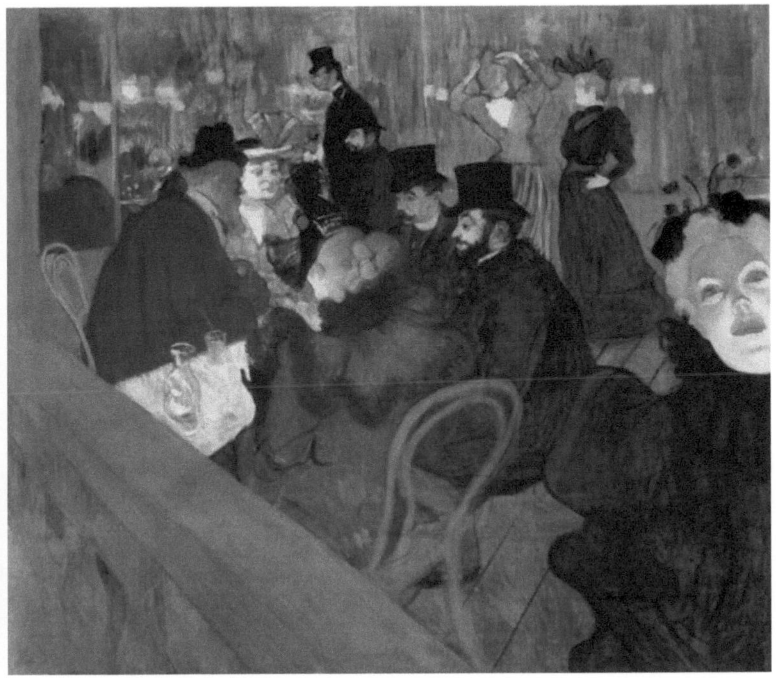

Au Moulin Rouge, 1892, huile sur toile, 123 x 140,5 cm, Chicago, The Art Institute of Chicago.

Cabaret préféré de Toulouse-Lautrec, le Moulin Rouge tient une place particulière dans son œuvre, notamment en raison de la variété de ses sujets. Un emplacement de choix est d'ailleurs réservé à l'artiste qui vient très souvent croquer sur le vif les spectacles offerts par le cabaret ainsi que ses clients.

Au Moulin Rouge met en scène une série de personnes tantôt assises, tantôt debout, presque toutes identifiables. L'artiste s'est lui-même représenté, barbu, à l'arrière-plan, à côté de son cousin et ami insé- parable Gabriel Tapié de Céleyran (1870-1930). Non loin, la Goulue se recoiffe devant un miroir, sous le regard de son amie et danseuse, la Môme Fromage. Des camarades de Toulouse-Lautrec, dont une danseuse, un critique musical, un photographe et Maurice Guibert, sont attablés au centre de la pièce. Partiellement coupée par le cadrage, la danseuse May Milton semble avancer vers le spectateur à l'avant-plan. La lumière transforme son visage en une sorte de masque inquiétant.

Les lignes, caractéristiques du dessin, composent l'ensemble de la toile, dominée par le noir, le brun et le vert. L'attitude des personnages donne l'impression que ces derniers sont pris sur le vif, en pleine occupation, tel qu'un appareil photo pourrait le faire. La balustrade en bois qui coupe l'avant du tableau par une diagonale accentue le dynamisme de l'œuvre, tandis que les joints du parquet créent un effet de profondeur. L'ambiance du cabaret est ainsi restituée avec beaucoup de minutie.

JANE AVRIL AU JARDIN DE PARIS

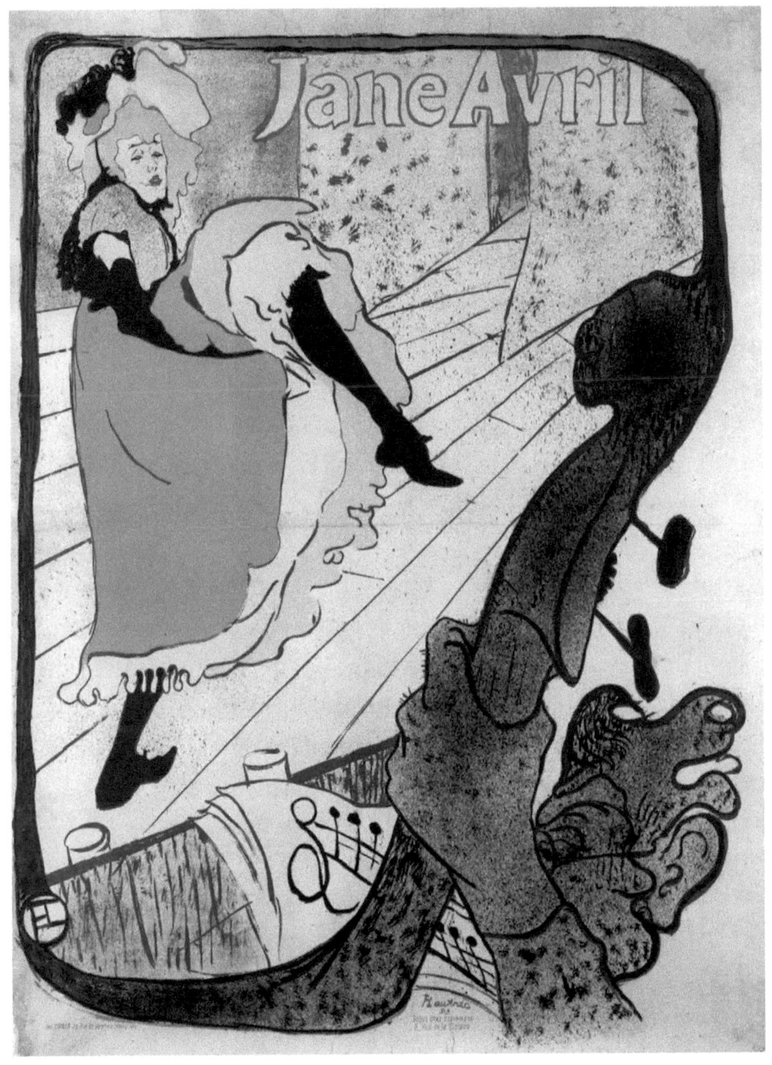

Jane Avril au Jardin de Paris, 1893, lithographie, 53 x 40 cm, collection privée.

Jane Avril est une célèbre danseuse du Moulin Rouge, Jeanne Louise Beaudon de son vrai nom. Recueillie à neuf ans par des prostituées suite à des maltraitances de sa mère, elle grandit dans la vie nocturne de Montmartre et se découvre rapidement une passion pour la danse. Elle prend place dans de nombreuses œuvres de Toulouse-Lautrec.

La carrière de Jane Avril débute au Jardin de Paris, cabaret dans lequel elle se fait connaître grâce à ses danses endiablées, dont le french cancan. Le peintre français la représente justement en train d'exécuter un pas de cette danse. Le mouvement est donc très présent dans cette composition particulière : la danseuse prend place dans un cadre aux coins arrondis coupé par la diagonale que forme une contrebasse tenue par un musicien. De ce dernier on ne voit que la main et une partie de la tête, tournée vers une partition.

L'attention du spectateur se tourne naturellement vers Jane Avril, la seule figure colorée du tableau. Pour celle-ci, Toulouse-Lautrec recourt au style publicitaire, utilisant de larges aplats de couleurs sans modelé ni dégradé, tandis qu'il prête davantage de détail et de finesse au reste des éléments, notamment le crâne au contrebassiste. L'artiste fait ainsi preuve d'une grande maîtrise technique ainsi que d'une originalité incontestable.

MONSIEUR BOILEAU

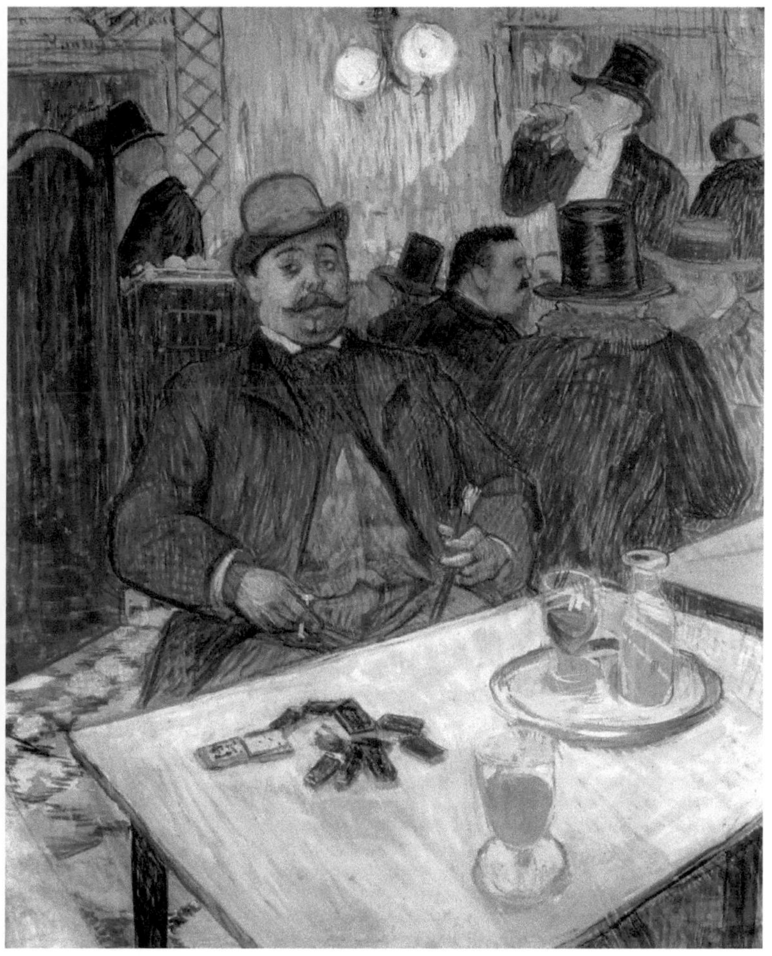

Monsieur Boileau, 1893, huile sur toile, 80 x 65 cm, Cleveland, The Cleveland Museum of Art.

Avec *Monsieur Boileau*, Toulouse-Lautrec représente une nouvelle fois l'ambiance nocturne parisienne, bien qu'il traite un sujet peu présent dans son œuvre, à savoir la bourgeoisie. Sans doute l'artiste côtoie-t-il moins cette classe sociale que la bohème. Toutefois, l'inscription, « À mon ami Boileau », en haut à droite de la toile, suggère ses liens d'amitié avec certains bourgeois.

L'alcool tient une place importante dans cette œuvre, qui montre un café bondé d'hommes buvant et discutant autour de plusieurs tables. Le regard vitreux et la pose nonchalante de Boileau ne laissent aucun doute quant à la nature des boissons posées sur la table devant lui. Il s'agit peut-être d'absinthe, un alcool très prisé à cette époque.

Toulouse-Lautrec emprunte une nouvelle fois au dessin ce style particulier usant de lignes colorées, diminuant la netteté des personnages et du café, et accentuant dès lors l'ambiance éthylique de la scène. La lumière et l'alcool sont d'ailleurs les seuls éléments représentés en aplats de couleur.

ELLES

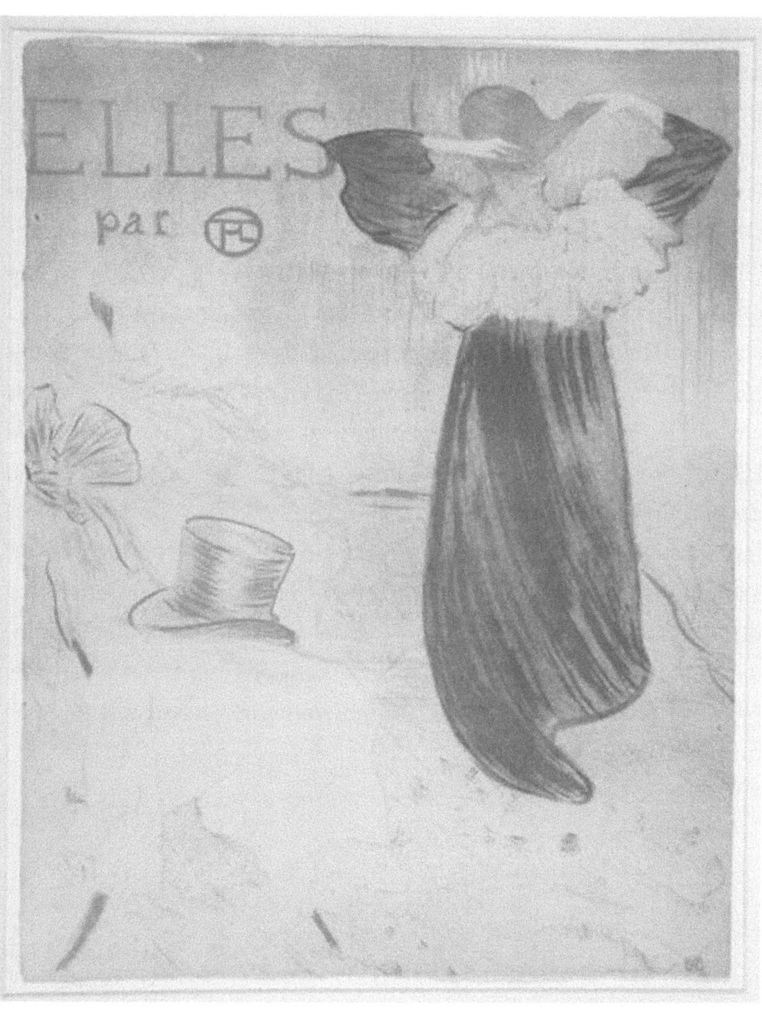

Frontispice de l'album *Elles*, 1896, lithographie, 53 x 41 cm, collection privée.

À partir des années 1890, Toulouse-Lautrec passe de plus en plus de temps dans les maisons closes de Montmartre, et il n'est pas rare qu'il y reste plusieurs semaines. Il partage le quotidien des prostituées et les représente dans une série d'œuvres ayant pour titre *Elles*.

Pour cet album, Toulouse-Lautrec s'inspire des tableaux du même sujet d'Edgar Degas, ainsi que de l'art japonais, qui aime figurer l'intimité de la femme et accorde une importance particulière à la geisha, la courtisane, toujours représentée avec finesse et élégance. Henri de Toulouse-Lautrec, qui se sent solidaire des marginaux et des exclus de la société, fait de même avec les habitantes des maisons closes.Ces lithographies déclenchent un scandale, non à cause de l'obscénité que l'on pourrait imputer à un tel sujet, mais en raison de la dignité que l'artiste prête à ces filles. Il les représente dans leurs activités quotidiennes, occupées à leur toilette, dormant et s'habillant. La présence du client est souvent suggérée par un détail du tableau tel que le haut de forme dans le frontispice de l'album. Ici, Toulouse-Lautrec se concentrer essentiellement sur la femme, prise sur le vif, et le rendu de son mouvement, accentué à l'aide de nombreuses lignes.

LA PASSAGÈRE DU 54 – PROMENADE EN YACHT

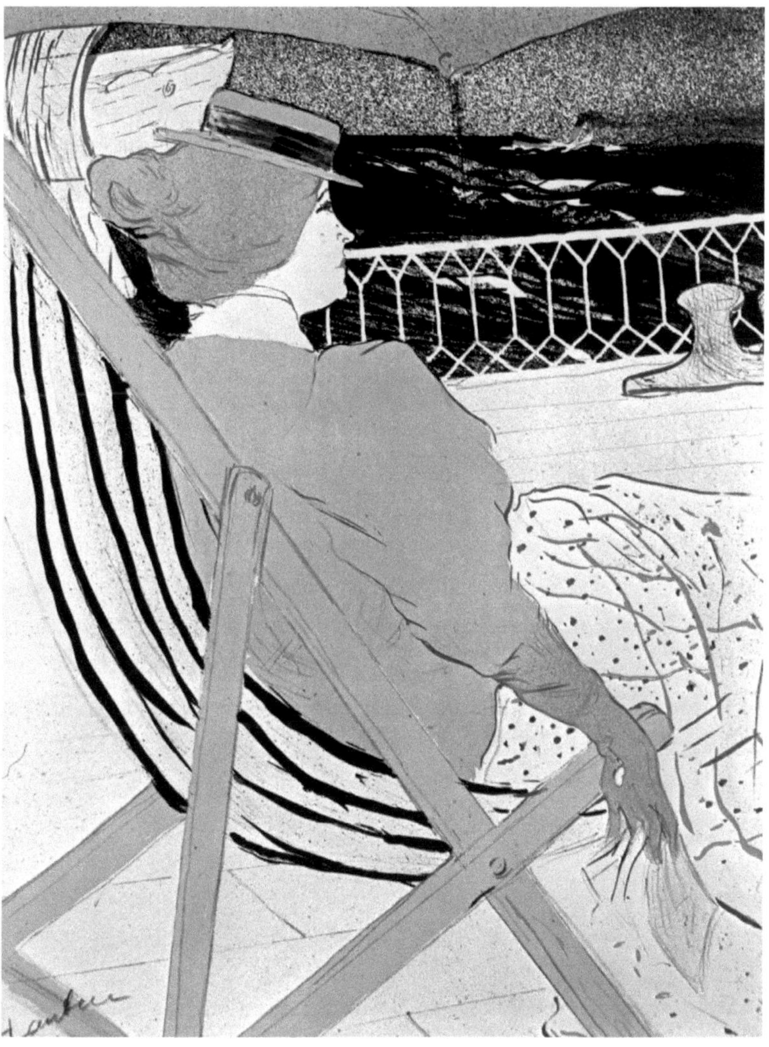

La Passagère du 54 – Promenade en yacht, 1895, lithographie,
59 x 39,7 cm, collection privée.

Toulouse-Lautrec a l'habitude de prendre le bateau au port du Havre pour rejoindre Bordeaux et se rendre au château de Malromé où vit sa mère. En 1895, il embarque sur le *Chili* avec son ami Maurice Guibert. Lors la traversée, il aperçoit une femme seule qui occupe la cabine 54 et en tombe éperdument amoureux. Celle-ci ne quittant pas le navire à Bordeaux, Toulouse-Lautrec continue le voyage pour l'observer jusqu'à Lisbonne, où son ami le convainc finalement de descendre. La dame, qui se rend jusque Dakar, reste anonyme. En effet, l'artiste n'ose pas l'aborder.

À partir d'une photo et d'un croquis, Toulouse-Lautrec réalise une lithographie qui représente la jeune femme sur le pont du bateau. Pour conférer à son œuvre une atmosphère apaisante, il choisit des couleurs harmonieuses : le bleu, le blanc, le jaune, le gris et le blanc. La ligne diagonale du transat, qui traverse la composition d'un coin à l'autre, apporte toutefois un effet dynamique. Le cadrage particulier masque les extrémités du siège, les pieds de la dame, ainsi qu'une partie du parasol. Ici encore, l'artiste s'inspire des angles de vue particuliers des estampes japonaises. De plus, le sujet de l'œuvre est également typique de l'*Ukiyo-e*, puisque Toulouse-Lautrec aborde à nouveau la vie quotidienne féminine.

TOULOUSE-LAUTREC, UNE SOURCE D'INSPIRATION

À sa mort, Henri de Toulouse-Lautrec laisse 737 huiles, 275 aquarelles, 368 estampes et plus de 5000 dessins, sans compter les travaux perdus ou détruits. L'héritage de cet artiste décédé précocement s'avère donc immense. En outre, son influence perdure des décennies après sa mort et touche plusieurs pans du domaine de l'art.

Toulouse-Lautrec est l'un des premiers artistes à amener l'art dans les rues, touchant un public beaucoup plus large qu'auparavant. L'art sort ainsi de la sphère de l'élite intellectuelle pour aller à la rencontre du public. En outre, le peintre donne en quelque sorte ses lettres de noblesse à une technique de reproduction jusque-là boudée par la plupart des artistes : la lithographie. En cela, il ouvre les portes de l'art de l'illustration à toute une génération de créateurs. Par ailleurs, Toulouse-Lautrec brise le principe de pérennité d'une œuvre en exposant ses affiches éphémères dans la rue, au risque des intempéries et des dégradations.

Mais ses apports vont plus loin que cela. En effet, la simplification de la composition propre à l'art publicitaire qu'il développe ouvre de nouvelles voies de réflexion aux générations futures. Ses affiches éliminent absolument tout le superflu pour ne garder que l'essentiel afin que le spectateur saisisse l'idée véhiculée par l'œuvre d'un seul regard. Quelques années plus tard, les artistes fauves cherchent également à simplifier la composition. Plus largement, l'esthétique publicitaire emploie cette technique stylistique durant des décennies.

Enfin, la peinture de Toulouse-Lautrec influence également nombre de ses contemporains, dont Vincent Van Gogh. Dans *La Salle de danse à Arles* (1888), ce dernier tente d'adopter « le style parisien » en s'essayant à un thème cher à Toulouse-Lautrec : la danse. Pierre Bonnard (1867-1947) représente quant à lui à maintes reprises la femme dans son intimité et, si ses tableaux sont influencés par l'art japonais, l'audace de Toulouse-Lautrec n'y est pas étrangère non plus. Plus tard, Pablo Ruiz Picasso (1881-1973) s'inspire lui aussi des prostituées d'Henri de Toulouse-Lautrec pour peindre *Les Demoiselles d'Avignon* (1906-1907). Pour finir, la transposition des traits du dessin dans la peinture se retrouve chez Edvard Munch (1863-1944) et son *Cri* (1893), coupé par une longue diagonale. De plus, le peintre norvégien réside à Paris, où il réalise plusieurs lithographies à destination de théâtres.

EN RÉSUMÉ

- Descendant des puissants comtes de Toulouse, Henri de Toulouse-Lautrec, né en 1864, grandit dans un environnement culturellement privilégié. Suite à une maladie consanguine, sa croissance ne se déroule pas normalement et il présente, en grandissant, plusieurs malformations.

- Débutant dès son plus jeune âge par des caricatures, Toulouse-Lautrec apprend rapidement le dessin puis la peinture, d'abord auprès de l'artiste René Princeteau. À ses débuts, il représente le monde aristocratique à travers des scènes équestres et des portraits familiaux. Déjà à cette époque, il fait preuve d'un grand souci pour le rendu des mouvements.

- En 1882, le jeune peintre se rend à Paris, où il étudie successivement dans les ateliers de Léon Bonnat et de Fernand Cormon. À cette époque, il peint surtout des figures humaines, accentuant les traits du visage, dans un style dynamique reprenant les lignes du dessin.

- Toulouse-Lautrec s'installe à Montmartre, où il passe ses nuits dans les cabarets, les maisons closes et les théâtres. Ces lieux majeurs du divertissement parisien deviennent rapidement ses principales sources d'inspiration. Il représente dans ses œuvres les plus célèbres danseuses du Moulin Rouge – son cabaret favori –, entre autres, devenant ainsi le plus grand chroniqueur de Montmartre.

- Se faisant un nom grâce à l'édition de ses œuvres dans diverses revues, Toulouse-Lautrec crée à la fin des années 1880 des affiches publicitaires pour promouvoir les établissements de Montmartre. Son style épuré et très graphique rencontre un énorme succès et inaugure un véritable art publicitaire.

- Sa vie, synonyme d'excès, a bientôt raison de lui et Toulouse-Lautrec est interné pour cause de folie en 1899. Sa santé décline ensuite rapidement et l'artiste décède précocement en 1901.

POUR ALLER PLUS LOIN

SOURCES BIBLIOGRAPHIQUES

- ALLARD (Sébastien), *L'Art français. Le XIXe siècle, 1819-1905*, Paris, Flammarion, 2009.
- DENVIR (Bernard), *Toulouse-Lautrec*, Paris, L'univers de l'art, 1992.
- DUROZOI (Gérard), *Toulouse-Lautrec*, Paris, Hazan, 1992.
- MARTIN-FUGIER (Anne), *La Vie d'artiste au XIXe siècle*, Paris, Fayard, 2012.
- NERET (Gilles), *Henri de Toulouse-Lautrec (1864-1901)*, Paris, Taschen, 1995.
- WHITE (Harrison et Cynthia), *La Carrière des peintres au XIXe siècle*, Paris, Flammarion, 2009.
- YON (Jean-Claude), *Histoire culturelle de la France au XIXe siècle*, Paris, Armand Colin, 2010.

SOURCES ICONOGRAPHIQUES

- TOULOUSE-LAUTREC (Henri de), *Au Moulin Rouge*, 1892, huile sur toile, 123 x 140,5 cm, The Art Institute of Chicago. La photo reproduite est réputée libre de droits.
- TOULOUSE-LAUTREC (Henri de), frontispice de l'album *Elles*, 1896, lithographie, 53 x 41 cm, collection privée. La photo reproduite est réputée libre de droits.
- TOULOUSE-LAUTREC (Henri de), *Jane Avril au Jardin de Paris*, 1893, lithographie, 53 x 40 cm, collection privée. La photo reproduite est réputée libre de droits.
- TOULOUSE-LAUTREC (Henri de), *La Passagère du 54 – Promenade en yacht*, 1895, lithographie, 59 x 39,7 cm, collection privée. La photo reproduite est réputée libre de droits.

- Toulouse-Lautrec (Henri de), *Monsieur Boileau*, 1893, huile sur toile, 80 x 65 cm, Cleveland, The Cleveland Museum of Art. La photo reproduite est réputée libre de droits.
- Toulouse-Lautrec (Henri de), *Moulin Rouge – La Goulue*, 1891, lithographie, 191 x 117 cm, musée Toulouse-Lautrec à Albi. La photo reproduite est réputée libre de droits.

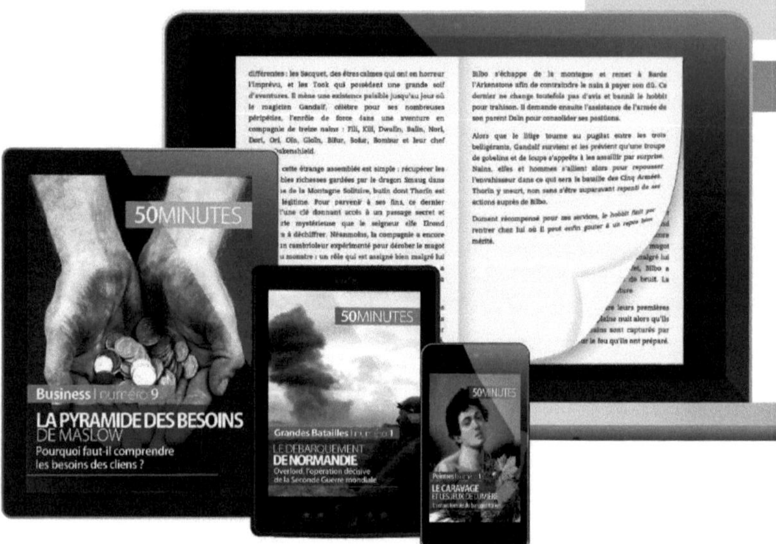

Éditeur responsable : Lemaitre Publishing
Rue Lemaitre 4 | BE-5000 Namur
info@lemaitre-editions.com

ISBN ebook : 978-2-8062-5782-6
ISBN papier : 978-2-8062-5783-3
Dépôt légal : D/2014/12603-162
Photo de couverture : © *Moulin Rouge - La Goulue*, par Toulouse-Lautrec, 1891.

Conception numérique : Primento, le partenaire numérique des éditeurs